NOTICE

SUR

M. PATOUX

Maître de Pension à Formerie (Oise)

ET

LISTE DES 248 ÉLÈVES DE SON ÉTABLISSEMENT

qui ont obtenu le Brevet de capacité

Par MM. B... D... & L..:

Ses anciens Élèves.

~~~~~~

CLERMONT (OISE)

IMPRIMERIE A. DAIX

27, rue de Condé, 27

—

1866

La loi du 28 juin 1833 avait sagement organisé en France l'instruction primaire ; mais, plusieurs années plus tard, l'exécution ponctuelle de cette loi était encore difficile dans certaines circonstances, et il n'était pas étonnant, en octobre 1835, de voir un sieur Patoux, né à Briot, canton de Grandvilliers (Oise), le 4 juin 1810, prendre, sans posséder aucun titre, la direction d'une école dans le hameau de Carroix, commune de Romescamps, canton de Formerie (Oise), à la sollicitation des habitants et avec l'autorisation des autorités locales et scolaires.

Les émoluments n'étaient point élevés à Carroix, et il lui fallait une véritable vocation pour entrer, à 25 ans, dans une carrière qui ne pouvait offrir des chances d'avenir qu'à un instituteur breveté.

M. Patoux comprit bientôt l'instabilité de sa position, et il se mit en mesure de la faire régulariser.

Au mois d'août 1836, il subit avec succès l'examen pour les bourses entretenues par le département de l'Oise à l'école normale de Versailles, où il passa les années scolaires 1836-37 et 1837-38, sous la direction de M. Lebrun, d'heureuse mémoire.

Au mois d'octobre 1838, nous le retrouvons, muni de son brevet, dans la même école de Carroix, à la grande satisfaction des habitants ; et, au mois d'août suivant (1839), il commence la série des succès que nous nous proposons de rappeler et qui font de lui un maître hors ligne : un de ses élèves de St-Arnould,

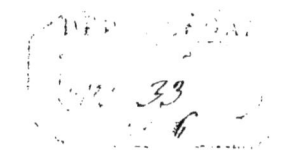

canton de Formerie, obtenait à Beauvais le brevet d'instituteur.

Le service de l'instruction primaire était alors régularisé, le corps des inspecteurs était créé, les examens étaient sérieux, et l'admission au brevet de capacité d'un élève préparé sur les bancs de l'école de Carroix était tout un événement, si l'on se reporte à cette époque-là ; aussi M. Patoux ne devait-il pas rester longtemps dans un hameau qui n'offrait pas les ressources nécessaires à son ardeur.

Au chef-lieu de canton, à Formerie, un pensionnat secondaire, qui périclitait depuis un certain nombre d'années, allait être fermé faute d'élèves (il réunissait trois internes); M. Patoux en prit la direction, le transforma en pensionnat primaire, et, grâce à la réputation qu'il s'était déjà acquise dans ces parages, grâce à son activité et à ses soins physiques, moraux et intellectuels, il vit bientôt dans son établissement un nombre d'élèves relativement considérable.

Nous cesserons de le suivre pas à pas ; nous dirons seulement que tout d'abord ses efforts se sont portés sur les jeunes gens destinés à l'agriculture.

C'était l'époque de l'emploi obligatoire des nouvelles mesures, et les cultivateurs des environs mettaient leurs enfants en pension à Formerie pour les familiariser avec le nouveau système, surtout avec les mesures agraires. Les leçons d'arpentage de la pension de M. Patoux étaient à l'ordre du jour ; elles le méritaient bien, et c'est encore avec plaisir que nous nous les rappelons.

Par intervalles, se présentaient quelques jeunes gens désireux d'entrer dans la carrière de l'enseignement; ils recevaient la direction et les soins qui assuraient leur réussite, soit aux examens d'admission aux écoles normales, soit à ceux du brevet de capacité; et, pour ne parler que de ces derniers, au mois d'août 1857, M. Patoux comptait déjà 35 succès dont nous donnons plus loin la liste.

A cette époque, le rapport officiel de M. l'Inspecteur de l'Académie de Paris sur l'état de l'instruction publique dans le département de l'Oise, rapport adressé au conseil général lors de sa session ordinaire, s'exprimait ainsi :

« Le recrutement de nos instituteurs s'est opéré
« facilement jusqu'ici. Il serait à craindre que la fai-
« blesse des honoraires alloués aux suppléants de
« première et surtout de deuxième classe ne découra-
« geât les candidats, moins empressés aujourd'hui de
« s'assurer de l'exemption du service militaire. Les
« sujets ne nous ont pas manqué encore ; mais le
« nombre de nos emplois vacants est à peu près exac-
« tement en balance avec celui de nos admissibles.
« On peut donc, jusqu'à un certain point, se préoccu-
« per de l'avenir.

« La pépinière de nos Instituteurs se trouve prin-
« cipalement au cours normal entretenu à Beauvais
« par le département. Un cours normal libre, établi
« dans la maison des Frères de Breteuil, nous four-
« nit encore des élèves bien préparés à devenir maî-
« tres ; enfin, plusieurs jeunes gens sont fournis par
« les soins de nos meilleurs Instituteurs. »

Le département de la Seine-Inférieure ne recrutait pas plus facilement son personnel, nous le verrons plus loin.

La position géographique de Formerie, sur les limites de ces deux départements et de celui de la Somme, donna à M. Patoux l'idée de travailler à combler le vide, et il dirigea vers ce but ses efforts et son activité bien connus.

Il donna une impulsion plus vive au cours normal qu'il avait organisé dans son pensionnat, et le succès ne se fit pas attendre, puisqu'on lit dans le rapport officiel de M. l'Inspecteur de l'Académie au Conseil général de l'Oise, pour l'année suivante (Août 1858) :

« Le cours normal est placé sous la direction intel-
« ligente du frère Ménée dont le zèle répond aux sa-
« crifices que s'impose pour son institution la libéra-
« lité du département. Il convient d'ajouter que
« d'autres établissements non subventionnés sou-
« tiennent, avec le cours normal dont il s'agit, une
« concurrence qui tourne au profit de l'enseignement.
« Nous citerons par exemple le pensionnat des Frères
« de Breteuil et l'institution de M. Patoux, à Forme-
« rie, qui fournissent tous les ans, à la direction de
« nos écoles, des sujets bien préparés. »

Le même rapport dit encore :

« Le nombre des candidats se balance aujourd'hui
« si exactement avec celui des postes à remplir, qu'on
« pourrait craindre que bientôt les employés ne
« vinssent à manquer aux fonctions. »

Le zèle de M. Patoux ne se ralentit pas ; son établissement acquit une renommée qui surpassa toutes ses espérances ; de nombreux jeunes gens vinrent, de près et de loin, s'asseoir sur ses bancs, et le rapport officiel du mois d'août 1859 s'exprime ainsi, après avoir parlé du cours normal entretenu par le département de l'Oise :

« D'autres établissements non subventionnés for-
« ment également des sujets qui font honneur aux
« maîtres dont ils ont reçu les leçons. Nous citerons

« le pensionnat de M. Patoux à Formerie; celui des
« Frères de Breteuil, etc. »

Et ailleurs ;

« Cette année, comme l'année dernière, la balance
« s'est maintenue presque constamment égale entre
« le nombre des aspirants et celui des postes à rem-
« plir. »

Durant ces deux années, néanmoins, M. Patoux avait fourni à l'enseignement 32 sujets brevetés, et le rapport nous dit la pensée de l'autorité supérieure sur leur aptitude : « ils font honneur aux maîtres dont ils ont reçu les leçons. »

Du mois d'août 1859 au mois d'août 1865, le nombre des candidats brevetés en sortant du pensionnat de Formerie est de 181. C'est une moyenne de 30 durant chacune de ces six années.

L'école normale de Versailles, dans ses beaux jours, quand elle réunissait les élèves des trois départements de Seine-et-Oise, de la Seine et de l'Oise, et les élèves libres qu'attirait sa juste renommée, l'école normale de Versailles a atteint cette moyenne, mais elle ne l'a guère dépassée. Nous croyons qu'aucune autre école n'en a approché.

Au total, 248 instituteurs doivent l'obtention du brevet aux soins de M. Patoux.

D'où venaient-ils donc, si nombreux, dans un chef-lieu de canton de 1300 habitants, loin de toute grande voie de communication?

Le département de l'Oise en a fourni un peu plus des deux tiers; le département de la Somme, environ un cinquième; celui de la Seine-Inférieure, un douzième; les quatre départements de la Haute-Marne, de l'Aisne, du Pas-de-Calais et de la Meuse ont fourni le reste.

En présence d'éléments si divers, M. Patoux devait laisser à ses élèves, comme le permet l'article 46 de la loi du 15 mars 1850, toute la latitude possible pour le choix de la commission d'examen devant laquelle leurs intérêts ou leurs espérances d'avenir les portaient à se présenter. Huit commissions leur ont délivré des brevets : celles d'Amiens, de Beauvais, de Chartres, d'Evreux, de Melun, de Paris, de Rouen et de Versailles.

M. Patoux n'avait pas seulement en vue de faire recevoir ses élèves, mais encore de leur procurer un emploi. Or, ainsi que nous le verrons plus loin, le département de la Seine-Inférieure — qui manque souvent de sujets — offrait aux élèves de Formerie, plus qu'aucun autre, chance d'obtenir un poste, et il n'est pas étonnant que toujours, dans une grande proportion, ils se soient présentés devant la commission de Rouen. A elle seule, elle en a admis près des trois quarts; la commission de Beauvais, un cinquième; celle de Paris, cinq ; etc, etc.

Nous insistons à dessein sur ce point : la Seine-Inférieure offrait une véritable ressource de placement à M. Patoux, et lui-même était devenu l'espoir des autorités scolaires de ce département, tout en contribuant pour une large part au recrutement des Instituteurs de l'Oise, ainsi que le déclare chaque année le rapport officiel. C'est ce que nous allons établir d'une manière irrévocable, car les documents ne nous manquent pas.

Déjà en 1860, l'inspection s'adressait à lui pour remplir les postes vacants, témoin cet extrait d'une lettre de M. l'Inspecteur primaire de l'arrondissement de Neufchâtel, en date du 18 novembre 1860 :

« L'Instituteur de..... venant d'obtenir un congé de

« deux mois pour cause de santé, il me faudrait quel-
« qu'un qui pût suppléer cet Instituteur jusqu'au
« moment où il lui sera possible de reprendre ses fonc-
« tions. Avez-vous encore des jeunes gens à placer ?
« Cette position permettrait de contracter l'engage-
« ment. Dans l'affirmative, envoyez les pièces direc-
« tement à M. l'Inspecteur d'Académie, le plus
« promptement possible, etc. »

Nous n'analyserons pas ici toute la correspondance que nous avons sous les yeux ; quelques extraits suffiront pour montrer la confiance dont jouissait M. Patoux et l'importance des services qu'il rendait.

Lettre de M. l'Inspecteur de l'Académie de Caen.
« Rouen, 23 mars 1864.
« ... Parmi les jeunes gens que vous avez présentés
« au brevet de capacité et qui ont été déclarés admis-
« sibles....., je vous prie d'en désigner un des plus
« capables et de l'envoyer mercredi prochain..... »

Même origine.
« Rouen, 19 janvier 1865.
« Je puis encore procurer à l'un de vos anciens
« élèves les moyens de contracter l'engagement dé-
« cennal, en lui donnant une place d'adjoint à....,
« mais il importe que le jeune homme que vous me
« désignerez se rende immédiatement à son poste. »

Même origine.
« Rouen, 20 janvier 1865.
« Vous avez à peine reçu ma dernière lettre, que deux
« maladies subites m'obligent à fournir des aides dans
« deux écoles.
« ..... Je vous prie de me désigner encore deux de
« vos anciens élèves brevetés qui devront se rendre
« auprès de moi le plus tôt possible. »

Même origine.

« Rouen, 3 juin 1865.

« J'aurais en ce moment besoin d'un ou deux ad-
« joints pour remplacer des élèves-maîtres qui vont
« être nommés Instituteurs. Veuillez me faire con-
« naître, le plus tôt possible, si vous avez quelques
« sujets disponibles. »

La maison de M. Patoux était connue plus loin, et
M. l'Inspecteur de l'Académie de Rennes, pour le département de Maine-et-Loire, lui écrivait :

« Angers, 6 juin 1863.

« J'avais parlé... de l'embarras où je craignais de me
« trouver avant la fin de l'année scolaire pour me
« procurer, soit des chefs d'écoles pour les postes or-
« dinaires, soit des adjoints pour les grandes classes
« d'Angers et de Saumur, en cas de départ ou d'avan-
« cement de ceux qui y sont employés. M. .... m'ayant
« alors offert de s'adresser à vous, dans la pensée
« que vous pourriez, le cas échéant, mettre à ma dis-
« position un ou deux sujets brevetés, je l'ai autorisé
« à vous écrire... »

Plusieurs élèves de Formerie sont allés, dans la
suite, combler les vides de ce département.

Ce n'est pas seulement à l'instruction primaire que
M. Patoux a été utile, c'est aussi à l'instruction secondaire, en fournissant régulièrement aux colléges de
Beauvais, de Dunkerque, de Provins, etc., etc., des
surveillants et des maîtres élémentaires sur le compte
desquels ont toujours été donnés les meilleurs témoi-
gnages.

Un Principal s'adressait à lui en ces termes :

« ..... 22 août 1861.

« J'ai besoin d'un maître pour une classe élémen-
« taire... Vous connaissez ce qu'il me faut ; je m'en

« rapporte à votre appréciation et à votre expé-
« rience. »

Un autre lui écrivait :

« ..... 16 février 1865.

« Je me trouve depuis hier dans le plus grand em-
« barras.....

« Je viens donc vous prier de m'adresser un sujet
« capable de faire une étude de 60 à 65 élèves.....

« Ce que je vous demande est assez difficile à trou-
« ver, mais j'ai toute confiance en vous et en votre
« obligeance. »

Un troisième Principal lui écrivait aussi :

« ..... 15 octobre 1865.

« Je viens encore une fois vous remercier des trois
« jeunes gens que vous m'avez envoyés. Je ne sau-
« rais trop vous le répéter, je n'ai qu'un regret, c'est
« de ne vous avoir pas connu plus tôt. Vous ne vous
« doutez pas des services que vous m'avez rendus.

« . . . .

« Les jeunes gens qui sortent de vos mains n'ont
« pas seulement le savoir nécessaire, ils ont, ce qui
« est bien plus rare, l'entente de la discipline. *On ne*
« *fait pas mieux dans une école normale ; aussi je ne*
« *crois pas que personne ait jamais rendu plus de*
« *services que vous à l'enseignement.* »

Nous avons besoin de déclarer que cette lettre
émane d'un homme qui n'a jamais connu M. Patoux
que par ses élèves.

Quand nous disons *ses élèves*, nous entendons avec
lui *ses amis*, car tous lui sont restés sincèrement atta-
chés. Il n'a pas seulement orné leur esprit, il a fait
naître ou il a développé en eux les bons sentiments,
en même temps que les principes d'ordre et de res-
pect pour les lois.

Le programme d'un cours normal ne comporte aucun développement, aucune allusion politique ; mais, avec le suffrage universel, quand on est à la tête d'un grand établissement d'instruction, qui compte parmi les élèves un certain nombre d'électeurs, on n'a pas le droit de fermer complétement l'oreille, de rester dans une coupable indifférence.

Les idées de M. Patoux sont bien connues ; il est resté fidèle à celles qu'il a puisées dans le cours de ses études et qui se résument en ces trois mots : *Dieu, la Loi et le Souverain;* il est resté, sous tous les rapports, fidèle aux principes des écoles normales « qui donnent à l'enseignement ses meilleurs maîtres, comme au pays et à l'Empereur leurs serviteurs les plus dévoués, » ainsi que le disait naguère M. le Ministre de l'Instruction publique.

Oui, M. Patoux a conservé le culte de l'*école*, et une admiration presque fanatique pour ses professeurs ; jamais il n'a manqué une seule occasion d'en faire l'éloge le plus flatteur.

Ces sentiments, si sincèrement et si énergiquement exprimés, ont peut-être contribué autant que son dévouement, autant que ses bienfaits, à lui assurer l'attachement de ses propres élèves : *On aime toujours un homme de cœur.*

Nous avons dit ses bienfaits. Ce mot n'a point échappé à notre plume. Nous en connaissons assez qui, sans lui, ne seraient point aujourd'hui des instituteurs justement estimés, et qui lui conservent la plus vive reconnaissance.

Fournir les moyens de s'instruire à un jeune homme intelligent qu'on lui indiquait, et chez lequel il croyait apercevoir une certaine vocation, telle a toujours été sa première pensée dans son cours normal.

Combien n'ont soldé ses déboursés qu'après en avoir

recueilli eux-mêmes le fruit! Combien..... Mais nous devons nous arrêter, déjà nous été trop indiscrets. Espérons qu'il nous le pardonnera,

Après trente années passées dans les classes, M. Patoux vient, pour cause de santé, d'abandonner la direction d'un établissement dont la prospérité était son œuvre, et qui n'avait pas un seul jour vu pâlir son soleil. L'année 1865 fut le terme de cette carrière dont nous avons essayé d'esquisser l'ensemble.

En terminant, nous exprimerons le regret que les services exceptionnels de M. Patoux n'aient pu être portés, d'une manière toute spéciale, à la connaissance du *Gouvernement de l'Empereur*, si juste appréciateur du mérite, et qu'il n'ait point eu part aux distinctions honorifiques extraordinaires réservées aux membres de l'enseignement.

La sphère d'action de M. Patoux était vaste, ses résultats n'etaient point centralisés ; personne, sans nous, ne les connaissait assez pour en mesurer toute l'importance, et personne ne les connaîtrait jamais, si, au moment où il rentre dans la vie privée, nous ne croyions lui rendre un hommage public de notre gratitude en écrivant ces lignes.

Puissent-elles parvenir jusque sous les yeux de M. le Ministre de l'instruction publique, et cette expression de regret deviendra pour nous *l'aurore de l'Espérance!*

Le **21** avril 1866.

Liste, par ordre de dates, des Élèves de M. Patoux qui ont obtenu leurs brevets. — Indication des Commissions qui les leur ont décernés.

1 — 1839 Août Petit de Saint-Arnoult (Oise). — Beauvais
2 — 1845 Août Obry de Carroy (Oise). — —
3 — 1846 Mars Letellier, de Blargies (Oise). — —
4 — 1846 Mars Legros, de Formerie (Oise). — —
5 — 1846 Août Breton (Léon), de Bouvresse (Oise). — —
6 — 1847 Août Blot, de Saint-Michel (Seine-Inférieure) — —
7 — 1848 Août Montaigu, de Blargies (Oise). — —
8 — 1849 Mars Delaplace, de Mureaumont (Oise). — —
9 — 1850 Mars Choquet, de Blargies (Oise). — Rouen
10 — 1850 Mars Gentien, d'Orival (Somme). — Amiens
11 — 1850 Mars Deliencourt, de Blargies (Oise). — Beauvais
12 — 1850 Mars Ségaux, de Saint-Arnoult (Oise). — —
13 — 1850 Août **Langlet, de Rothois (Oise).** — —
14 — 1850 Août Niquet, de Feuquières (Oise). — —
15 — 1852 Mars Sillier, de Prévillers (Oise). — Rouen
16 — 1852 Mars Breton (Florentin), de Bouvresse. — —
17 — 1852 Mars Boyeldieu, de Saint-Maur (Oise). — —
18 — 1853 Août Gentry, de Campeaux (Oise). — —
19 — 1853 Août Lamy, d'Ernemont-Boutavent (Oise). — —
20 — 1854 Mars Colmar, d'Escles (Oise). — —
21 — 1854 Août Perrin, de Rothois (Oise). — —
22 — 1854 Août Firmin, d'Offroy (Oise). — —
23 — 1855 Mars Plé, de Mesnil-Conteville (Oise). — —
24 — 1855 Août Mathon, de Damereaucourt (Oise). — —
25 — 1855 Août Roncherolles, de Campeaux (Oise). — —
26 — 1855 Août Huchez, de Doméliers (Oise). — —
27 — 1856 Mars Quevauvillers, de Lafresnoye (Somme). — Beauvais.
28 — 1856 Mars Lacaille, de Saulchoy-Gallet (Oise). — —
29 — 1856 Août Mahutte, de Souplicourt (Somme). — Rouen
30 — 1856 Août Payelle, de Moliens (Oise). — —
31 — 1856 Août Banse, d'Haussez (Seine-Inférieure). — —
32 — 1857 Mars Boutillier, de Rothois (Oise). — —
33 — 1857 Mars Hubaut, de Lafresnoye (Somme). — —
34 — 1857 Août Perdu, de Cempuis (Oise). — —
35 — 1857 Août Lesobre, d'Abancourt (Oise). — —
36 — 1858 Mars Caux, de Fouilloy (Oise). *Brevet complet.* — —
37 — 1858 Mars Lebon, de Rothois (Oise). *Brevet presque complet.* — —
38 — 1858 Mars Legrand, de Savignies (Oise). — —

39	—	1858 Mars	Catoire, d'Ansauvillers (Oise).	Rouen
40	—	1858 Mars	Vaillant, de Troissereux (Oise).	—
41	—	1858 Mars	Lesure, d'Orival (Somme). *Brevet complet.*	Beauvais
42	—	1858 Mars	Desguingatte, de Beaudeduit (Oise). *Brev. c.*	—
43	—	1858 Mars	Méret, de Troissereux (Oise).	—
44	—	1858 Mars	Beaudard, de Le Crocq (Oise).	—
45	—	1858 Mars	Ruisin, d'Ourcel-Maison (Oise).	—
46	—	1858 Août	Pointiers, de Catheux (Oise).	Rouen.
47	—	1858 Aout	Seignier, de Haute-Epine (Oise).	—
48	—	1858 Août	Coignon, de Berthecourt (Oise).	—
49	—	1858 Août	Trisatte, de Saint-Aubin-en-Bray (Oise).	—
50	—	1858 Août	Guillot, d'Hétomesnil (Oise).	—
51	—	1859 Mars	Chaperon, de Pouilly (Oise).	Evreux
52	—	1859 Mars	Lesobre, de Muidorge (Oise).	Rouen
53	—	1859 Mars	Dumont, de Boutavent (Oise).	—
54	—	1859 Mars	Salmon, de Laboissière (Somme).	—
55	—	1859 Mars	Leclercq (Alexis), d'Ansauvillers (Oise).	—
56	—	1859 Mars	Mouret, de Cormeilles (Oise).	—
57	—	1859 Mars	Bouffet, de Monceaux-Labbaye (Oise).	—
58	—	1859 Mars	Fauqueux, de Luchy (Oise).	—
59	—	1859 Mars	Roisin, d'Auchy-la-Montagne (Oise).	Beauvais
60	—	1859 Août	Paillart, de Fontaine-Bonneleau (Oise).	Rouen
61	—	1859 Août	Plessier, d'Ansauvillers (Oise).	—
62	—	1859 Août	Gérard, d'Angivillers (Oise).	—
63	—	1859 Août	Raisin, de Catheux (Oise).	—
64	—	1859 Août	Lesueur, de Glatigny (Oise).	—
65	—	1859 Août	Pommery, de La Rue-Saint-Pierre (Oise).	—
66	—	1859 Août	Lenain, de Catheux (Oise).	Beauvais
67	—	1859 Août	Mesnard, de Francastel (Oise).	—
68	—	1860 Mars	Pierrard, d'Herchies (Oise).	—
69	—	1860 Mars	Warin, de La Rue-Saint-Pierre (Oise).	—
70	—	1860 Mars	Despréaux, d'Hornoy (Somme).	Rouen
71	—	1860 Mars	Coquerelle, de Blancfossé (Oise).	—
72	—	1860 Mars	Colnot, de Croissy (Oise).	—
73	—	1860 Mars	Soudain, de Blancfossé (Oise).	—
74	—	1860 Mars	Vacossin, de Dromesnil (Somme).	—
75	—	1860 Mars	Canu, de Saint-Michel (Seine-Inférieure).	—
76	—	1860 Mars	Morel, de Liomer (Somme).	—
77	—	1860 Août	Leclercq (Louis), d'Ansauvillers (Oise).	—
78	—	1860 Août	Noblesse, de Guibermesnil (Somme).	—
79	—	1860 Août	Sagot, de Moliens (Oise).	—
80	—	1860 Août	Vaillant, de Venette (Oise).	—
81	—	1860 Août	Bidaut, de Beausault (Seine-Inférieure).	—
82	—	1860 Août	Merlin, de Catheux (Oise).	—
83	—	1860 Août	Lelong, de Catheux (Oise).	—
84	—	1860 Août	Clément, de Fresneaux-Bucamps (Oise).	—
85	—	1860 Août	Omet, de Fontaine-Lavaganne (Oise)	Beauvais

— 16 —

86 — 1860 Août Rainsart, de Beaudéduit (Oise).   B. auvais
87 — 1861 Mars Froy, de Formerie (Oise). *Brev. presque complet.*
88 — 1861 Mars Sainteville, de Beaudéduit (Oise). —
89 — 1861 Mars Planchon, de Vraignes (Somme).   Rouen
90 — 1861 Mars Cartier, de La Chapelle-aux-Pots (Oise). —
91 — 1861 Mars Hubaut, de Lafresnoye (Somme). —
92 — 1861 Mars Gérard, de Noyers-Saint-Martin (Oise). —
93 — 1861 Mars Trouvin, de Broyes (Oise). —
94 — 1861 Mars Rousselle, de La Hérelle (Oise). —
95 — 1861 Mars Dumontiers, de Le Vaumain (Oise).   Rouen
96 — 1861 Mars Martin, de Dromesnil (Somme). —
97 — 1861 Mars Paris, de Saint-Lucien (Seine-Inférieure). —
98 — 1861 Mars Harielle, de Béthisy-Saint-Martin (Oise). —
99 — 1861 Mars Capelle, de Laboissière (Somme). —
100 — 1861 Août Maillart, de La Chaussée-du-Bois-d'Ecu (Oise). —
101 — 1861 Août Frénel, de Les Calais Saint-Thibaut (Oise). —
102 — 1861 Août Dacheux, d'Hornoy (Somme). —
103 — 1861 Août Lévêque, de Ville-en Bray (Oise). —
104 — 1861 Août Masse, de Beaucamps le-Jeune (Somme). —
105 — 1861 Août Tronchet, de Quesnel-Aubry (Oise). —
106 — 1861 Août Despréaux, d'Hornoy (Somme). —
107 — 1861 Août Dutitre, de Mesnil-Huchon (Somme). —
108 — 1861 Août Gueudet, de Monsures (Oise). —
109 — 1861 Août Paillart, de Fontaine-Bonneleau (Oise). —
110 — 1861 Août Baux, de Dampierre (Seine-Inférieure). —
111 — 1861 Août Breton, de Porquéricourt (Oise). —
112 — 1862 Mars Bouziers, de Longueil-Sainte-Marie (Oise). 1er *Brevet. Note très-bien.* —
113 — 1862 Mars Parmin, de Beauvoir (Seine-Inférieure). —
114 — 1862 Mars Fauqueux, de Luchy (Oise). —
115 — 1862 Mars Godefroy, d'Elencourt (Oise). —
116 — 1862 Mars Caux, de Boutavent (Oise). —
117 — 1862 Mars David, de Sauqueuse-Saint-Lucien (Oise). —
118 — 1862 Mars Cottard, de Thiers (Oise). —
119 — 1862 Mars Léméré, d'Essertaux (Somme). —
120 — 1862 Mars Floury, de Bresles (Oise). —
121 — 1862 Mars Leverbe, de Gannes (Oise). —
122 — 1862 Mars Finot, de Bonvillers (Oise). —
123 — 1862 Mars Dubos, de Muidorge (Oise). —
124 — 1862 Mars Desaintomer, de Coulemelles (Somme). —
125 — 1862 Mars Buvry, de Frocourt (Oise). —
126 — 1862 Mars Guérin, de Formerie (Oise). *Brev. presq. c.* Beauvais
127 — 1862 Mars Mary, de Bresles (Oise). *Brev. presque c.* —
128 — 1862 Mars Rainsart, de Beaudéduit (Oise). —
129 — 1862 Mars Leroux, de Saint-Pierre-les Bitry (Oise). —
130 — 1862 Mars Vérité, de Villepoix-Saint-Omer (Oise). —

131	—	1862 Mars	Cauras, de Briot (Oise).	Melun
132	—	1862 Mars	Bocquillon, de Cormeilles (Oise).	—
133	—	1862 Mars	Réthoré, de Vignacourt (Somme). *Brev. c.*	Chartres
134	—	1862 Août	Domart (Jules), de La Neuville-s.-Oudeuil (Oise).	Rouen
135	—	1862 Août	Lenglet, de Frettemolles (Somme).	—
136	—	1862 Août	Dacheux, de Libermont (Oise).	—
137	—	1862 Août	Cousin, de Sarton (Pas-de-Calais).	—
138	—	1862 Août	Plessier, d'Ansauvillers (Oise).	—
139	—	1862 Août	Dubus, de Petit-Lihus (Oise).	—
140	—	1862 Août	Collaye, d'Audignicourt (Aisne).	.
141	—	1862 Août	Leroux, de Rotangy (Oise).	—
142	—	1862 Août	Huchez, de Sains Morainvillers (Oise).	—
143	—	1862 Août	Malivoire, de Saint Maulvis (Somme).	—
144	—	1862 Août	Gérard, de Chauffourt (Haute Marne).	—
145	—	1862 Août	Darragon, d'Hornoy (Somme).	
146	—	1862 Août	Mesnard, du Gallet (Oise).	Beauvais
147	—	1862 Août	Martin, de l'Héraule (Oise).	—
148	—	1862 Août	Monnehaye, de Maulers (Oise).	Chartres
149	—	1862 Août	Blessel, d'Escles (Oise).	—
150	—	1863 Mars	Sainteville, de Beaudéduit (Oise).	Beauvais
151	—	1863 Mars	Delavierre, de Porquéricourt (Oise).	Rouen
152	—	1863 Mars	Lévêque, de Landricourt (Aisne).	—
153	—	1863 Mars	Ovrée d'Auchy-la-Montagne (Oise).	—
154	—	1863 Mars	Doré, du Cardonnois (Somme).	—
155	—	1863 Mars	Henry, de Blacourt (Oise).	—
156	—	1863 Mars	Lemaire, de Monsures (Somme).	—
157	—	1863 Août	Baray, de Veulettes (Seine-Inférieure).	—
158	—	1863 Août	Desaintfucien, de Sarcus (Oise).	--
159	—	1863 Août	Pinchon, de Thoix (Somme).	—
160	—	1863 Août	Domart (A.), de La Neuville-s.-Oud. (Oise).	—
161	—	1863 Août	Blot, de Beaucamps-le-Vieux (Somme).	—
162	—	1863 Août	Follet, d'Oresmaux (Somme).	--
163	—	1863 Août	Bulard, de Ménerval (Seine-Inférieure).	—
164	—	1863 Août	Plessier (J.), de Rocquencourt (Oise).	—
165	—	1863 Juil.	Lecomte, de Sérévillers (Oise).	Rouen
166	—	1863 Juil.	Breton, de Beaubec-la-Rosière (Seine-Inf.).	—
167	—	1863 Juil.	Ferdinois, de la Warde-Mauger (Somme).	—
168	—	1863 Juil.	Loisel, du Quesnel-Aubry (Oise).	Beauvais
169	—	1863 Juil.	Pinel, de Longueuil-Sainte-Marie (Oise).	Paris
170	—	1864 Mars	Bouillon, de Brétigny (Oise). 1er *Brevet*.	Rouen
171	—	1864 Mars	Lambert, d'Ansauvillers (Oise).	—
172	—	1864 Mars	Debuire, de Vez (Oise).	—
173	—	1864 Mars	Delahoche, de Tricot (Oise).	—
174	—	1864 Mars	Legent, d'Avricourt (Oise).	—
175	—	1864 Mars	Gorin, de Saint Sauflieu (Somme).	—
176	—	1864 Mars	Dauzet, de Villers-Tournelle (Somme).	—

— 18 —

177 — 1864 Mars Magnier, de Marlers (Somme). Rouen
178 — 1864 Mars Wallet, d'Oresmaux (Somme). —
179 — 1864 Mars Longé, de Romescamps (Oise). —
180 — 1864 Mars Draye, de Blicourt (Oise). *Parties facult.* Beauvais.
181 — 1864 Mars Bussy, de Bonvillers (Oise). —
182 — 1864 Mars Dupont, de Doméliers (Oise). Evreux
183 — 1864 Mars Lefrançois, de Parnes (Oise). —
184 — 1864 Mars Vannier, de Saint-Maur (Oise). Melun
185 — 1864 Mars Jodart, de Cormeilles (Oise). Paris
186 — 1864 Mars Dupaty, de Vitry-les-Nogent (Haute-Marne). —
187 — 1864 Août Morin, de Parnes (Oise) Rouen
188 — 1864 Août Fleury, d'Omécourt (Oise). —
189 — 1864 Août Plessier (A.), d'Ansauvillers (Oise). —
190 — 1864 Août Debédin, de Richemont (Seine-Inf.). —
191 — 1864 Août Bocquet, de La Neuville-s.-Oudeuil. (Oise). —
192 — 1864 Août Locque, de La Vacquerie (Oise). —
193 — 1864 Août Morel, de Villers-Campsart (Somme). —
194 — 1864 Août Badier, de Cempuis (Oise). —
195 — 1864 Août Ponthieu, de Chaussoy-Epagny (Somme). —
196 — 1864 Août Pauchet, de Viefvilliers (Oise). Beauvais
197 — 1864 Août Gris, de Richemont (Seine-Inférieure). —
198 — 1864 Août Decagny, d'Offroy (Oise). —
199 — 1864 Août Cullery, de Saint-Léger-en-Bray (Oise). Paris
200 — 1865 Mars Dubos, de Plouy-Saint-Lucien (Oise). Rouen
201 — 1865 Mars Hummel, de Beauvais (Oise). —
202 — 1865 Mars Gentien, de Richemont (Seine-Inf.). —
203 — 1865 Mars Sellier, de Selincourt (Somme). —
204 — 1865 Mars Lefort, de Novillers (Oise). —
205 — 1865 Mars Caillet, de Sénéfontaine (Oise). —
206 — 1865 Mars Mommert, de Frettancourt-Lannoy (Oise). —
207 — 1865 Mars Mullier, de Cérisy-Bulleux (Somme). —
208 — 1865 Mars Courtin, des Landes (Seine-Inférieure). —
209 — 1865 Mars Berger, de Bettembos (Somme). —
210 — 1865 Mars Belhomme, d'Escames (Oise). —
211 — 1865 Mars Poisson, de Laboissière (Somme). —
212 — 1865 Mars Caux, de Neufmarché (Seine-Inférieure) —
213 — 1865 Mars Bottais, de Clères (Seine-Inférieure). —
214 — 1865 Mars Siou, de Parnes (Oise). —
215 — 1865 Mars Jumel, de Laverrière (Oise). —
216 — 1865 Mars Normand, de Doudeauville (Seine-Inf.). —
217 — 1865 Mars Boyeldieu, de Brassy (Somme). —
218 — 1865 Mars Plé, de Villers s.-Auchy (Oise). —
219 — 1865 Mars Bullot, de Grandvilliers aux-Bois (Oise). —
220 — 1865 Mars Périlleux, de Maulers (Oise). —
221 — 1865 Mars Legrand, du Boisrault (Somme), —
222 — 1865 Mars Morvillers, d'Offroy (Oise). —
223 — 1865 Mars Fauqueux, de Beauvoir (Oise). —

— 19 —

224	— 1865	Mars	Fournier, de Saint-Omer (Oise).	Rouen
225	— 1865	Mars	Barbet, de Herchies (Oise).	—
226	— 1865	Mars	Ouvré, de Vraignes (Somme).	—
227	— 1865	Mars	Barbet (aîné), de Herchies (Oise).	Paris
228	— 1865	Mars	Sainteville (F.), de Beaudéduit (Oise).	Beauvais
229	— 1865	Mars	Poncelet, de Nepvant (Meuse).	Chartres
230	— 1865	Août	Martin, de Méry (Oise).	Beauvais
231	— 1865	Août	Tolu, d'Hannaches (Oise).	—
232	— 1865	Août	Gavelle, de Criquiers (Seine-Inf.).	Versailles
233	— 1865	Août	Bouin, de Cannectancourt (Oise).	Rouen
234	— 1865	Août	Dumont, de Viefvilliers (Oise).	—
235	— 1865	Août	Egret, de Beaulieu-les-Fontaine (Oise).	—
236	— 1865	Août	Ransquin, de Herchies (Oise).	—
237	— 1865	Août	Deloire, d'Amy (Oise).	—
238	— 1865	Août	Planchon, de Vraignes (Somme).	—
239	— 1865	Août	Roisse, de Saint-Maur (Oise).	—
240	— 1865	Août	Mauger, de Grandcourt (Seine-Inf.).	—
241	— 1865	Août	Ducrocq, de Mesnil-Durdan (Seine-Inf.).	—
242	— 1865	Août	Langlet, de Frettemolles (Somme).	—
243	— 1865	Août	Lacaille, de Blancfossé (Oise).	—
244	— 1865	Août	Delimermont, de Vrocourt (Oise).	—
245	— 1865	Août	Prévost, de Tilloy-lès-Conty (Somme).	—
246	— 1865	Août	Lamotte, de Saint-Maulvis (Somme).	—
247	— 1865	Août	Leclercq, de Broyes (Oise),	—
248	— 1865	Août	Ducroquet, de Vers-Hébécourt (Somme).	—

Liste des Élèves qu'il a fait admettre aux Écoles normales.

1 — 1846 **Baras, de Gourchelles** (Oise), boursier à Versailles.
2 — 1847 Obry (P.), de Carroix (Oise), boursier à Versailles.
3 — 1848 Duchesne, d'Ernemont-B. (Oise), boursier à Versailles.
4 — 18   Demyanney, d'Aubeimont (Seine-Inférieure), à Rouen.
5 — 1849 **Deliencourt, de Richemont** (Seine-Inf.), à Rouen.
6 — 1863 Daire, de Lamaronde (Somme), à Amiens.

Clermont de l'Oise. — Typ. A. DAIX, rue de Condé, 27.

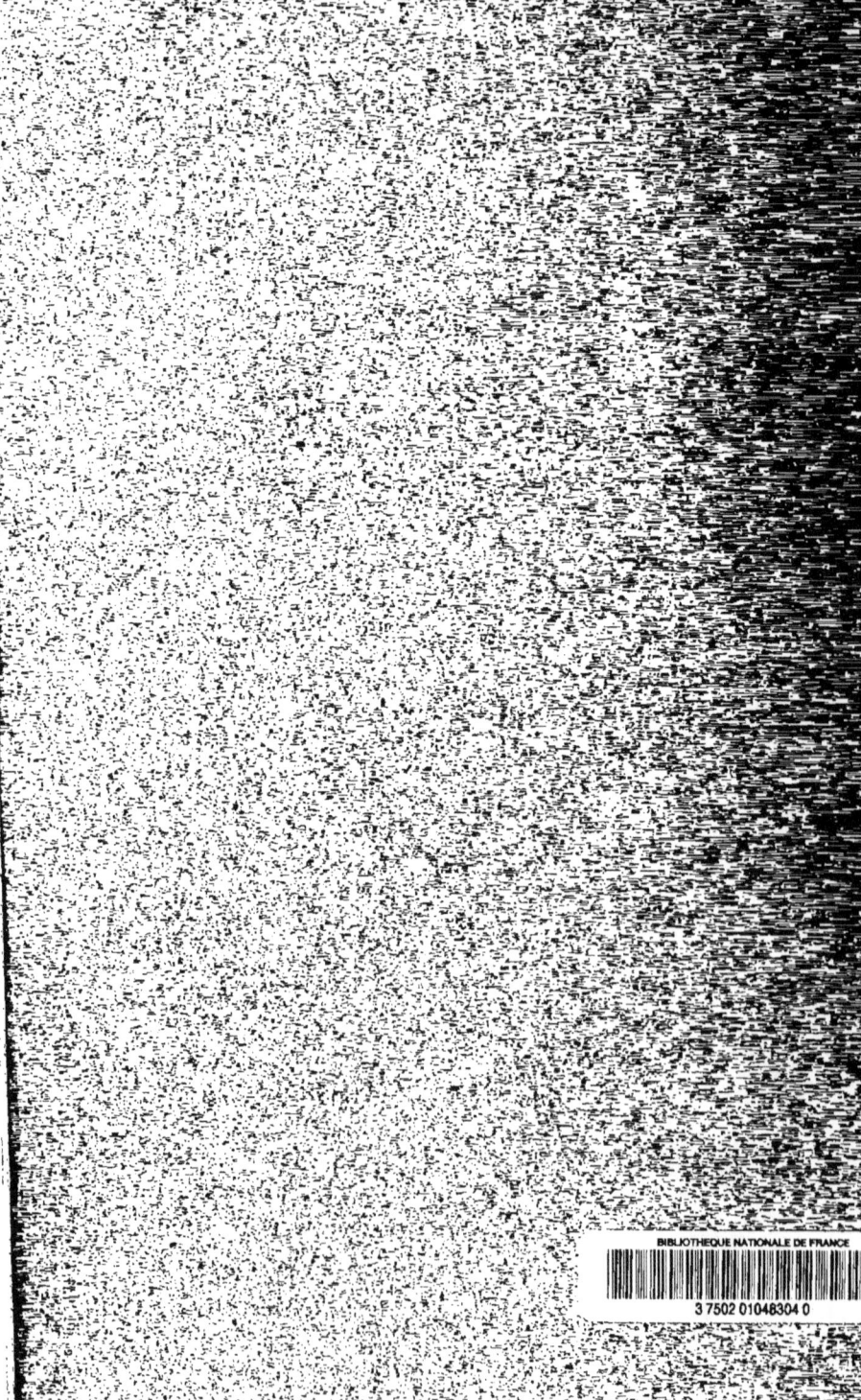

www.ingramcontent.com/pod-product-compliance
Lightning Source LLC
Chambersburg PA
CBHW060633050426
42451CB00012B/2573